Édouard Dulaurier

Les Chants populaires de l'Arménie

Histoire

 Le code de la propriété intellectuelle du 1er juillet 1992 interdit en effet expressément la photocopie à usage collectif sans autorisation des ayants droit. Or, cette pratique s'est généralisée dans les établissements d'enseignement supérieur, provoquant une baisse brutale des achats de livres et de revues, au point que la possibilité même pour les auteurs de créer des œuvres nouvelles et de les faire éditer correctement est aujourd'hui menacée. En application de la loi du 11 mars 1957, il est interdit de reproduire intégralement ou partiellement le présent ouvrage, sur quelque support que ce soit, sans autorisation de l'Éditeur ou du Centre Français d'Exploitation du Droit de Copie , 20, rue Grands Augustins, 75006 Paris.

ISBN : 978-1986440899

10 9 8 7 6 5 4 3 2 1

Édouard Dulaurier

Les Chants populaires de l'Arménie

Histoire

Table de Matières

Section I   7

Section II   21

Notes   43

Section I

Pour apprécier le caractère qu'a pris la poésie populaire chez les Arméniens dans les temps qui précédèrent leur conversion au christianisme, vers le commencement du IIIe siècle de notre ère, — pour savoir sous quelles inspirations elle est née, dans quelles circonstances elle se produisit et cessa d'exister, — il est nécessaire, avant tout, de jeter les yeux sur la position géographique de leur pays et de connaître les phases principales de leur histoire.

La chaîne de montagnes qui, à partir des côtes de la mer Égée, court à travers l'Asie Mineure, la Haute-Mésopotamie, la Perse, la Bactriane, pour aller se rattacher au grand massif qui coupe l'Asie centrale, s'ouvre vers le nord, dans la direction du Pont-Euxin et de la mer Caspienne ; elle forme un vaste réseau dont un embranchement, connu des anciens sous les noms de Monts-Paryadres, Monts-Moschiques et autres encore, va, en contournant l'angle sud-est de la Mer-Noire, se relier au Caucase. Le nom de région arménienne désigne le plateau dont cet embranchement est la pente nord-ouest, et qui a pour escarpement méridional la chaîne connue sous le nom générique de Taurus et sous les dénominations particulières de Monts-Gordyéens, Massis, Niphates (Nebad) [1]. Le point culminant de ce plateau est le Massis ou Ararad, qui élève à une hauteur de 16,953 pieds anglais au-dessus du niveau de la mer son front couronné de neiges perpétuelles [2]. Cette gigantesque montagne, dont les flancs sont souvent couverts d'un manteau de sombres nuages qui l'enveloppent d'obscurité, déchirée par de puissantes convulsions volcaniques qui ont jonché de débris tout le sol d'alentour, présente un aspect bien propre à frapper l'imagination, et qui explique la vénération religieuse dont elle fut toujours l'objet. Les habitants d'Érivan l'appellent encore aujourd'hui *Mouthen aschkarh*, c'est-à-dire *monde ténébreux*. Dès la plus haute antiquité, la légende plaçait sur sa cime, regardée comme inaccessible, le séjour d'êtres surnaturels, et ce respect ne s'affaiblit en rien lorsque les Arméniens eurent embrassé la foi de l'Évangile. Ils appliquèrent an Massis spécialement le récit de Moïse qui nous apprend que l'arche de Noé s'arrêta après le déluge sur les hauteurs du pays d'Ararad, expression qui paraît désigner l'Arménie d'une manière générale. Partout sur cette montagne sanctifiée par la tradition se retrouve le souvenir des premiers pas que fit le patriarche sur la terre à peine essuyée et raffermie après la retraite des eaux, lorsqu'il sortit du miraculeux vaisseau où il s'était renfermé avec ses enfants. Une crevasse qui pénètre profondément dans son sein entr'ouvert recélait un petit village, Arghouri, détruit par le fameux tremblement de terre de 18 40, — et plus haut, perché sur les flancs de cette énorme déchirure, à six mille pieds d'élévation, s'élève le couvent de Saint-Jacques. C'est là que Noé planta les premiers ceps de vigne, et les habitants, en témoignage de la vérité de ce fait, montraient quelques tiges de vigne vierge rendues stériles par un effet de la malédiction divine, en punition d'avoir fourni au juste par excellence l'occasion du péché de l'ivresse. C'est sur l'emplacement de leur église que Noé offrit le premier sacrifice à Dieu après le déluge. Plus loin, au-dessus du village, on voyait un vieux saule rabougri et courbé parles neiges et les glaces, et qu'une croyance séculaire avait consacré comme un rejeton de l'un des débris de l'arche, qui s'était fixé en cet endroit dans le sol et avait pris racine. Ces légendes, expression d'une foi vive et simple, ne sont qu'une transformation populaire, transmise d'âge en âge, de l'opinion qui rapporte au plateau arménien la tradition mosaïque concernant les lieux qui furent le berceau du genre humain régénéré après le grand cataclysme qui l'avait détruit. Dans les contrées au sud, la Syrie et la Mésopotamie, une croyance qui date aussi d'une haute antiquité, puisqu'elle existait, au rapport de Josèphe et d'Eusèbe, du temps des historiens chaldéens Bérose et Abydène, et qui a été adoptée par les églises orientales, fixe le point où s'arrêta le vaisseau de Noé dans la chaîne assyrienne ou Monts-Gordyéens. L'opinion arménienne, basée sur le texte des Septante, qui s'étaient conformés sans doute dans leur traduction aux idées reçues parmi les Juifs d'Alexandrie et de Palestine plus de deux siècles avant notre ère, a pour elle la sanction de tous les pères des églises grecque et latine, et elle paraît répondre beaucoup mieux que l'autre aux exigences de la position relative assignée par Moïse dans le chapitre X de la Genèse aux diverses nations de la terre connues de son temps.

En examinant les traits saillants du tableau ethnographique tracé par le législateur hébreu, on voit avec quelle exactitude il en a marqué les grandes divisions, et plusieurs des peuples qui y figurent occupent encore la place où il nous les montre. Ce tableau nous présente la race de Sem et de Cham échelonnée dans les régions du sud, et les nations de souche japhétique disséminées dans le nord, sur une zone qui, à l'ouest, se prolonge par l'Asie Mineure jusque dans la Grèce, à l'est, vers la Scythie, et dont l'Arménie forme la partie la plus élevée et pour ainsi dire le centre. Lorsque nous cherchons les primitives origines des familles humaines, c'est vers le haut massif arménien et son versant oriental que tout nous ramène, et les traditions bibliques, et les antiques souvenirs de la Perse, et les inductions qui découlent des admirables travaux de philologie comparée entrepris dans ces derniers temps par les Burnouf, les Lassen, les Bopp, sur les idiomes indo-européens ou japhétiques. La langue arménienne est un des rameaux les plus anciennement détachés de ce tronc ; elle s'y rattache par ce qu'il y a de plus intime dans le génie d'un idiome, par son système grammatical, de même que les peuples parmi lesquels elle est en usage appartiennent à la famille indo-européenne par les traits principaux de leur conformation physique. Des analogies que la science tend de plus en plus à mettre en évidence prouvent que la civilisation arienne, qui eut son foyer dans la région qui va de l'Euphrate à l'Indus, s'étendit jusqu'à l'Arménie. Au nord-ouest de la Perse, la Médie confine en effet à la plaine où le fleuve le plus considérable de l'Arménie, l'Araxe, épanche ses eaux, et qui fut, aux époques les plus reculées, le siège de la nationalité arménienne. Dans le *Zend Avesta* et les autres livres sacrés des Parses, l'Arménie orientale est l'*Iran-Vedj*, l'Iran pur, le premier endroit créé et habité sur la terre, tradition qui coïncide d'une manière frappante avec celle de la Genèse.

La configuration du sol de l'Arménie est d'autant plus curieuse à étudier dans ses détails, qu'elle est en rapport intime avec la constitution politique à laquelle ce royaume fut soumis, et qu'elle a puissamment influé sur les vicissitudes politiques qu'il éprouva dans le cours de son existence. Des montagnes plus ou moins élevées, des collines à pente douce, alternent partout avec des vallées dont plusieurs sont très resserrées et dont quelques autres, comme celle de l'Araxe, s'épanouissent en une vaste plaine. Ici, sur les hauteurs, une nature âpre et stérile ; là, dans les bas-fonds, une fertilité qui va quelquefois jusqu'aux dernières limites. Sur un sol aussi accidenté, et où quantité de montagnes séparent, comme autant de barrières, les populations, jamais ne put s'établir un pouvoir unitaire, fort et stable, rayonnant sur toute l'étendue du pays. Depuis les siècles les plus reculés, l'Arménie nous apparaît dans l'histoire morcelée en une foule de principautés ou satrapies presque indépendantes de l'autorité royale et désunies entre elles. Ces satrapies étaient si multipliées que l'on comptait, au IVe siècle, plus de cent soixante-dix grandes familles qui marchaient de pair avec celle du souverain. La monarchie arménienne manqua toujours de cohésion : affaiblie par des déchirements intérieurs produits par les vices de son organisation féodale, elle eut bien des fois à subir l'invasion et la conquête. Presque toujours elle fut sous la domination de maîtres étrangers, qui tantôt se contentèrent d'exercer sur elle un droit de suzeraineté, et tantôt la firent gouverner par des lieutenants nommés *marzbans* au temps des rois sassanides de perse, et *osdigans* sous le khalifat. Ce n'est qu'à de rares intervalles que quelques princes doués de talents politiques ou militaires parvinrent à s'affranchir du joug ; mais leurs efforts n'aboutirent jamais qu'à une indépendance douteuse et viagère. L'Arménie resta impuissante contre les grands empires qui s'élevèrent autour d'elle en Asie, et elle finit par devenir une proie que se disputèrent les Romains et les Parthes, les Grecs de Byzance et les perses, dont les Arabes arrachèrent des lambeaux, et qu'enfin foulèrent aux pieds les Turks et les Mongols. De nos jours, la Turquie, la perse et la Russie se sont partagé ces derniers débris.

Ce n'est pas que le courage guerrier et le patriotisme aient manqué aux Arméniens. On se ferait une bien fausse idée de ce peuple, si on se le représentait autrefois tel que nous le retrouvons aujourd'hui façonné par une longue servitude à l'humble condition politique dans laquelle il vit, uniquement voué au culte des vertus du foyer domestique et remarquable seulement par ses instincts pacifiques et son aptitude commerciale. L'histoire arménienne a aussi ses périodes héroïques, et l'on y rencontre de temps à autre de belles pages, comme celle où nous voyons la nation se soulevant, dans le Ve siècle, à la voix du général Vartan, son chef, et de ses évêques, peur défendre sa liberté religieuse menacée par le zdedgerd II, souverain de la perse, et faisant reculer les armées du grand roi [3].

Les cours d'eau qui arrosent l'Arménie constituent trois systèmes principaux représentés par le Lycus ou Kaïl et l'Acampsis ou Djorokh à l'ouest, par l'Euphrate et le Tigre au sud, par le Cyrus et l'Araxe à l'est. Ces trois systèmes ont pour ligne de partage la chaîne de montagnes qui se détache du Caucase vers le sud-ouest et va se souder à l'Anti-Taurus, qui la continue en coupant obliquement l'Asie Mineure. Le premier est celui du versant de la Mer-Noire ; par le Lycus et l'Acampsis, qui portent à cette mer le tribut de leurs eaux, il ouvrait une voie de communication avec les contrées d'Occident. Toutefois ces relations étaient encore plus actives sur le Phase, quoique ce fleuve, descendant du Caucase, coule plus au nord et tout entier dans la Colchide, en dehors des limites de l'Arménie. Depuis une époque qui se perd dans la nuit des âges mythologiques, les Grecs fréquentèrent ces côtes, célèbres par l'expédition des Argonautes, et ils y fondèrent des comptoirs dont les plus importants furent Dioscurias et Trapezus (Trébisonde). Ils venaient s'y approvisionner des productions de l'Arménie, l'or, le blé, le sel, le lin, le miel, la cire, etc. Tout prouve que le contact des deux peuples se bornait alors à de simples rapports de commerce, et ce n'est que lorsque les limites de l'empire byzantin et de l'Arménie se touchèrent dans l'Asie Mineure que ce dernier pays commença à subir profondément l'influence des idées occidentales.

Le Tigre et l'Euphrate, qui prennent leur source, le premier non loin d'Erzeroum, et le second beaucoup plus bas, dans les montagnes des Kurdes, en se dirigeant du haut du massif arménien vers le sud, lui servaient de liaison avec les pays habités par les peuples de race sémitique. Hérodote nous a laissé une description pittoresque de la navigation de l'Euphrate dans la partie de son cours qui est au-dessus de Babylone. Montés sur de légères embarcations, construites partie en bois de saule et partie avec des peaux, les Arméniens transportaient dans cette ville du vin de palmier et autres marchandises.

Par ses deux fleuves, dont le cours va de l'ouest à l'est, le Cyrus et l'Araxe, l'Arménie s'ouvre tout entière vers le monde oriental. Le Cyrus, qui lui sert de limite du côté de la Géorgie, donnait accès dans la Mer Caspienne à son commerce, arrêté sur l'Araxe par les rapides qui barrent le cours inférieur de ce fleuve. Les produits de l'Inde, arrivés dans cette mer par l'Oxus, remontaient le Cyrus, puis étaient transportés sur des chariots jusqu'à une forteresse appelée Sarapana par Strabon [4] ; là ils étaient chargés sur le Phase, par lequel ils descendaient dans la Mer Noire et se répandaient dans les pays d'Occident. L'Araxe traverse l'Arménie dans toute sa longueur, depuis sa source dans le mont Abos, aujourd'hui *Bing-Gueul* ; jusqu'à sa jonction avec le Cyrus, non loin de la mer. L'inclinaison de l'immense plaine qu'il parcourt nous montre l'Arménie pour ainsi dire penchée presque tout entière vers la Médie, la Perse et les pays où fleurit la civilisation arienne, qui lui fut aussi commune, comme on peut l'inférer du témoignage des traditions zendes. Sur les bords de l'Araxe, elle confinait à l'Atropatène, cette terre sacrée des adorateurs du feu. C'est par ce voisinage immédiat que les doctrines de la Perse l'envahirent et s'implantèrent chez elle si profondément. C'est aussi dans cette partie de ses limites que se maintinrent encore quelque temps le paganisme et le culte de la poésie populaire, qui en était une émanation, lorsque les idées grecques, importées en Arménie par le christianisme, tendaient à effacer partout ailleurs le souvenir des primitives créations du génie oriental. C'est dans le bassin de l'Araxe que la nationalité arménienne eut son berceau et qu'elle atteignit son plus haut point de grandeur, lorsqu'elle recouvrait une indépendance momentanée. C'est là que s'élevèrent ses antiques métropoles, Armavir, Valarsabad, et la plus célèbre de toutes, Artaxate. — Après avoir retracé les grandes divisions du territoire de l'Arménie, nous allons maintenant, en puisant aux sources originales, noter les événements dont il fut le théâtre, en tant qu'ils se rattachent à notre sujet.

Il nous reste pour les premiers temps de l'histoire arménienne un document d'une inappréciable valeur : c'est le travail d'un écrivain syrien, nommé Mar Iba Katina, qui vivait dans le milieu du IIe siècle avant notre ère, et qui était très versé dans la connaissance des lettres chaldéennes et grecques. Le cinquième des souverains parthes qui régnèrent sur la Perse, Arsace (Arschag), autrement appelé Mithridate (Mihrdat) Ier, après avoir enlevé aux Séleucides la plus grande partie de l'Orient, donna l'Arménie à son frère puîné Valarsace (Vagharschad). Celui-ci, voulant savoir quels princes avaient occupé avant lui le trône auquel il avait été appelé, députa Mar Iba Katina vers Arsace, en le priant d'ouvrir à ce savant ses archives royales, afin qu'il pût en extraire ce qui avait rapport à l'histoire ancienne de l'Arménie. Ces archives provenaient de Ninive, et parmi les pièces qu'elles contenaient se trouvaient, à ce qu'il parait, les chants historiques et populaires qu'y avaient fait rassembler les monarques assyriens, dont l'Arménie relevait, comme un des grands fiefs de leur empire. Parmi les volumes examinés par Mar Iba Katina, il y en avait un traduit du chaldéen en grec par ordre d'Alexandre-le-Grand, et qu'il mit principalement à contribution. Après avoir terminé son ouvrage, il revint l'apporter au roi Valarsace, qui le fit déposer dans son palais et garder avec soin, comme un des objets les plus précieux de son trésor. Une partie assez considérable de cette compilation nous a été conservée par un auteur arménien du Ve siècle de notre ère, Moïse de Khorène, qui a écrit, du style le plus élégant et avec une érudition consommée, les annales de sa patrie. Non-seulement Moïse a consulté Mir Iba Katina et une foule d'historiens syriens, persans ou grecs, et parmi ces derniers plusieurs qui sont maintenant perdus, mais encore il s'est appuyé plus d'une fois des traditions et des poésies populaires qui circulaient de son temps dans son pays. Aussi son livre est considéré par ses compatriotes a la fois comme un chef-d'œuvre littéraire et comme un monument national où sont inscrits les titres de leurs plus vieilles origines.

Quoique les documents tirés des archives assyriennes et consignés dans le volume chaldéen dont Mar Iba Ratina retrouva une version grecque nous présentent aujourd'hui quelques traces de remaniements opérés soit par le traducteur, soit par Mar Iba Ratina lui-même, dans le sens des idées grecques qui se répandirent dans l'Orient à la suite des conquêtes d'Alexandre, et des notions bibliques qu'avaient mises en circulation les Juifs disséminés dans les pays riverains de l'Euphrate et du Tigre, il n'en est pas moins vrai que la compilation de l'écrivain syrien est basée sur des récits où abondent des détails locaux qui trahissent une provenance très ancienne et authentique.

Suivant ces récits, Haïg, l'un des compagnons de Bélus (Bel), roi d'Assyrie, fut le père de la nation arménienne et lui communiqua son nom. Il est nécessaire de savoir, en effet, qu'elle n'a point adopté celui que lui ont imposé les peuples étrangers, et qu'elle s'appelle elle-même *Haïk*, et la contrée qu'elle habite *Haïasdan*. Étant parti de Babylone, Haïg se dirigea vers le nord, et vint se fixer, au pied d'une montagne au sud de la mer d'Aghtamar ou lac de Van, dans un endroit où vivaient éparses çà et là quelques-unes des premières familles qui s'étaient dispersées sur la surface de la terre. Il les soumit à sa domination et commença à se créer un petit état. Cette immigration de Haïg semble avoir été un mouvement des nations de race sémitique venant se superposer aux populations de souche japhétique, qui eurent pour domaine spécial les régions septentrionales. Ce n'est pas le seul exemple d'une fusion entre ces deux races qui se soit opérée sur le sol de l'Arménie. L'une des familles les plus considérables de ce pays, celle des Bagratides, à laquelle était réservée plus tard une brillante destinée, puisque dans le IXe siècle elle s'assit sur le trône et s'y maintint jusque vers la moitié du XIe, comptait parmi ses ancêtres Schampad, un des Juifs emmenés captifs par Nabuchodonosor à Babyloue. Une autre famille non moins puissante, les Ardzrounis, qui dictait des lois à la vaste province de Vasbouragan, était issue de Sannasar, un des fils de Sennachérib, roi d'Assyrie, qui, après avoir tué leur père, se réfugièrent en Arménie.

Une partie des descendants de Haïg resta dans les lieux où s'était arrêté leur père, tandis qu'Arménag, son petit-fils et son successeur, poursuivant sa marche vers le nord-est, alla s'établir dans la vallée de l'Araxe, et le fils de ce dernier bâtit sur les bords de ce fleuve la ville d'Armavir, qui devint la résidence des princes de la dynastie de Haïg. Si l'on remarque que leurs premiers établissements touchaient au territoire même de Ninive, on ne s'étonnera point de voir l'Arménie, dans cette période reculée, presque toujours sous la dépendance des Assyriens et ayant une religion qui était la même ou du moins analogue. Ce dernier fait, qui est si curieux, a sa preuve dans une des légendes relatives à Sémiramis (Schamiram), que nous a conservée Moïse de Khorène, et qui rappelle un mythe assyrien qui se perpétua fort tard parmi les Arméniens. Leurs traditions nous peignent cette reine célèbre avec le caractère viril et les penchants voluptueux que lui prétend Hérodote et les autres historiens grecs, mais avec une teinte romanesque qui est très certainement un reflet des poésies populaires qui célébraient ses grandes actions et ses conquêtes. L'Arménie devint une province de son empire et son séjour favori. « Elle s'éprit, dit Moïse de Khorène, de la beauté des sites, de la pureté de l'air, de la limpidité des sources, du spectacle des fleuves majestueux qui roulent leurs ondes avec un doux murmure à travers des vallons et des plaines fleuris. » Elle y bâtit une ville pour en faire sa résidence d'été, Schamiramaguerd, sur la rive orientale du lac de Van, et y éleva de splendides constructions qui rivalisaient avec celles dont elle dota Babylone. L'écrivain arménien vante la chaussée qui reliait le fleuve et la ville, et qui était en pierres énormes si bien liées, que l'on aurait dit un bloc coulé d'un seul jet ; les chapelles, les chambres et les corridors creusés dans un roc si dur, que « l'acier, dit-il, est impuissant maintenant à le rayer, » et enfin les immenses inscriptions tracées sur la surface polie de la pierre, comme avec un style sur une tablette enduite de cire. Les investigations du savant et infortuné Schulz, qui visita ces lieux en 1827 et 1828, confirment la vérité de cette description et l'exactitude de l'assertion des Arméniens modernes, qui identifient Van avec Schamiramaguerd ou la cité de Sémiramis.

À partir du règne de cette princesse, les rois d'Arménie ne furent plus, à vrai dire, que de simples préfets aux ordres des monarques assyriens, et cet état de subordination dura jusqu'au jour où l'un de ces préfets, Barouïr, fils de Sgaïorti (fils de géant), s'associa à la ligue formée par Arbace (Varbag), gouverneur de la Médie, que Moïse de Khorène nous représente comme un fin politique et un vaillant guerrier, par le Babylonien Bélésis et plusieurs autres chefs. Barouïr marcha avec eux contre Sardanapale. L'empire assyrien ayant pris fin par la mort de ce prince, le monarque arménien, à l'exemple des autres conjurés, se déclara indépendant dans son gouvernement et transmit son sceptre affranchi à ses successeurs. L'un d'eux, Tigrane (Dikran) Ier s'illustra par des victoires qui rendirent son nom célèbre au dehors et un objet de prédilection pour les bardes arméniens. Le roi des Mèdes Astyage (Ajtahag) conçut contre lui de la jalousie ; mais, désespérant de le vaincre et de s'emparer de ses états par la force ouverte, il eut recours à la ruse. Ayant sollicité et obtenu la main de Dikranouhi, sœur de Tigrane, il essaya d'attirer ce prince auprès de lui. Tigrane, prévenu sous-main par sa sœur, n'eut garde de tomber dans le piège, et, résolu de tirer vengeance de cette perfidie, il unit ses forces à celles de Cyrus ; puis tous les deux, ayant attaqué Astyage, le précipitèrent du trône. Le témoignage de Mar Iba Ratina, invoqué par Moïse de

Khorène, concorde avec ce que dit Xénophon des services signalés que rendit le roi d'Arménie au fondateur de la monarchie persane ; mais, en nous apprenant qu'Astyage périt dans le combat de la main de Tigrane, il s'écarte de la version suivie par Hérodote, par Xénophon lui-même, Ctésias et Justin, et d'après laquelle Astyage survécut à la chute de sa puissance. Tigrane emmena captifs, en Arménie, dix mille Mèdes, avec Anouïsch, la première des femmes d'Astyage, et leur assigna pour demeure le pays qui s'étend depuis le revers de la Grande-Montagne (l'Ararad) jusque sur les deux rives de l'Araxe à l'est. Leur postérité s'y accrut considérablement et constitua dans la suite des temps une satrapie appelée Mouratzian, qui fut détruite au milieu du IIe siècle de notre ère. Aux populations mèdes de l'Ararad se rapportait tout un cycle de traditions et de légendes dont s'inspirèrent plus d'une fois les poètes arméniens, et dont quelques traces sont restées éparses dans le livre de Moïse de Khorène. Les princes postérieurs à Tigrane Ier continuèrent de gouverner leur royaume, sous la suzeraineté de la Perse, jusqu'à Vahê, fils de Van, le dernier de la lignée de Haïg, qui succomba en défendant ses états contre l'invasion des armées d'Alexandre de Macédoine.

Depuis cette époque jusqu'à l'avènement des Arsacides, vers le milieu du deuxième siècle avant Jésus-Christ, les historiens nationaux n'ont enregistré aucun fait, et, pour suppléer à leur silence, il faut consulter les écrivains grecs. Ceux-ci nous apprennent que les Séleucides n'exercèrent sur l'Arménie qu'une autorité nominale, et qu'enfin Ardaxias ou Artaxès, l'un des préfets auxquels ils en avaient confié l'administration, s'étant révolté ouvertement contre Antiochus-le-Grand, se rendit tout-à-fait indépendant. Pendant ce temps, qui fut une période de troubles et d'anarchie, tout porte à croire que la muse populaire cessa de faire entendre ses accents, puisque Moïse de Khorène, investigateur si zélé de toutes les antiques traditions de sa patrie, n'en a pas retenu le moindre souvenir. Soixante-dix ans après la mort d'Alexandre, la puissance des Grecs commença à décliner dans la Haute-Asie ; les divisions intestines occasionnées par l'ambition de ses généraux excitèrent les nations asservies à tenter de secouer le joug et de recouvrer leur liberté. À la tête de cette réaction se plaça un peuple encore obscur, les Parthes, mais appelé à remplir avant peu un rôle important sur la scène du monde. Ce peuple, d'origine scythe et sorti des bords orientaux de la Mer-Caspienne, où il habitait sous le nom de *Dahi*, s'était déjà répandu dans les provinces orientales de la Perse. Conduit par Arsace, homme de résolution et de capacité, il enleva la Parthyène et l'Hyrcanie aux Séleucides. Vainement ces princes s'efforcèrent d'arrêter cette insurrection par les armes, ils furent toujours vaincus. Dans la suite, les descendants d'Arsace finirent par s'emparer de toute la Perse et par repousser les Séleucides jusqu'à l'Euphrate. L'un deux dont il a été question plus haut, nommé aussi Arsace ou bien Mithridate Ier, triompha de nouveau, un siècle plus tard, des rois de Syrie, répandit la terreur de ses armes dans presque toute l'Asie, et, profitant des désordres auxquels l'Arménie était en proie, y entra à la tête d'une armée formidable. Secondé par les habitants eux-mêmes, il en fut bientôt maître entièrement, et, comme nous le savons déjà, en céda la souveraineté à, son frère Valarsace, qui fut la tige d'une branche cadette, celle des Arsacides arméniens.

Cette nouvelle dynastie choisit pour métropoles les villes de Nisibe et d'Édesse, dans la Mésopotamie, d'où elle pouvait, comme dans un poste avancé, protéger toutes les possessions des Parthes, à l'est de l'Euphrate, contre les attaques des Grecs de Syrie. Sous le règne de Tigrane II, arrière-petit-fils de Valarsace, les armées romaines, engagées dans cette terrible et longue lutte qu'elles soutinrent contre le grand Mithridate, pénétrèrent en Arménie, et Tigrane, qui avait embrassé la cause du roi de Pont, son beau-père, ne put, malgré tous ses efforts et son courage, résister à Lucullus et à Pompée. Son fils Artabaze (Ardavazt), tombé par trahison entre les mains de Marc-Antoine, lorsque celui-ci fit la conquête de l'Arménie, fut traîné à Alexandrie, où Cléopâtre le fit mourir ; la reine d'Égypte et l'ancien triumvir mirent à sa place leur fils Alexandre, qui ne tarda pas à être chassé par les populations impatientes d'obéir à un étranger. Les premières années de Tigrane avaient été signalées par d'éclatants succès : la conquête de la Syrie et de plusieurs provinces de l'Asie Mineure, ainsi que de la Mésopotamie, de l'Adiabène et de l'Atropatène, lui avait valu le titre de *roi des rois*, que lui cédèrent les princes de la branche aînée auxquels il était réservé. Moins habiles que lui, ses successeurs, jouets de la politique romaine ou de celle des souverains partbes de la Perse, virent continuellement leurs états ravagés par ces deux puissances, trop heureux quand ils purent conserver, sous la protection de l'une des deux, un trône chancelant. Les liens de parenté et de vasselage qui unissaient les Arsacides d'Arménie à ceux de la Perse durent multiplier et rendre plus étroites les relations qui existaient déjà entre leurs sujets. Le culte du feu, le zoroastrisme, était en vigueur chez les uns et les autres, mais avec un mélange de polythéisme grec dont il s'était fortement imprégné, lorsque les Séleucides introduisirent en Orient la civilisation de la Grèce, à laquelle les Parthes eux-mêmes firent plus d'un emprunt. Les modifications apportées par les Arsacides arméniens à la constitution politique de leur royaume, en appelant auprès d'eu ; , les grands feudataires, maîtres presque absolus dans leurs satrapies, et en les attachant à leur service par la création et l'investiture de charges de cour, furent sans aucun doute une imitation de ce qu'avait fait en Perse la branche collatérale, et l'on peut juger des institutions que possédait alors ce dernier pays par les détails que Moïse de Khorène nous fournit sur celles de l'Arménie à cette époque.

Au commencement du IIIe siècle, le roi de Perse Artaban (Ardavan) fut renversé par Ardeschir (l'Artaxercès des historiens byzantins), qui inaugura une nouvelle dynastie, celle des Sassanides, et se proclama l'héritier du trône des Achéménides et le restaurateur du pouvoir national, usurpé par les Parthes, considérés comme des étrangers. Il s'appliqua à rétablir les doctrines de Zoroastre dans leur pureté primitive et à proscrire les idées grecques, prédominantes sous les Arsacides. La nouvelle dynastie fut naturellement l'ennemie de celle qui régnait sur l'Arménie, et qui était alliée par le sang aux princes déchus. Une lutte s'engagea, dans laquelle l'Arménie finit par succomber, et elle reprit ces habitudes du joug qui lui étaient familières. Resserrée entre deux empires formidables, Byzance et la Perse, qui, en 387, la démembrèrent en se la partageant, elle conserva encore quelques années ses souverains, jusqu'en 428, où Artaxès IV fut dépossédé par le roi de Perse, Bahram IV, et renfermé dans une forteresse de la Susiane, destinée aux prisonniers d'état et appelée du nom très significatif de Château de l'Oubli (Anousch Pert). Elle ne fut plus dès-lors administrée que : par de simples gouverneurs.

Lorsque le christianisme se fut assis avec Constantin. sur le trône des - césars, et que le siège de l'empire eut - été transféré à Byzance, l'Arménie embrassa aussitôt la nouvelle loi religieuse.- Un jeune enfant de la race royale des Arsacides, sauvé du massacre qui enveloppa toute sa famille, fut emporté par sa nourrice à Césarée de Cappadoce où il fut élevé dans la foi de l'Évangile. Cet enfant, que Dieu avait marqué au front du sceau de la sainteté et du génie, et qu'il avait réservé pour être l'apôtre de l'Arménie reçut au baptême le nom de Krikorios (Grégoire), auquel s'ajouta dans la suite celui de *Loussavoritch*, c'est-à-dire *illuminateur*, parce que, suivant l'expression de l'hymne chanté le jour de sa fête, « il brilla comme un soleil, répandant les ramis d'une lumière divine sur sa patrie couverte des ténèbres de l'idolâtrie. » Les immenses travaux accomplis par Grégoire pendant le cours de sa prédication, la conversion du roi Tiridate opérée à sa voix, ses vertus, ses longues souffrances, son martyre, et surtout l'influence bienfaisante qu'il exerça sur la civilisation de son pays, ont fait de lui pour les Arméniens un saint tout national. Sa mission fut le signal non-seulement de leur régénération morale, mais encore d'une complète rénovation intellectuelle. C'est le christianisme qui a créé leur littérature, et qui, les invitant à l'étude de la langue grecque, parlée par leurs premiers instituteurs religieux, les initia à la connaissance des chefs-d'œuvre qu'elle a produits, et leur enseigna à les imiter. L'esprit grec ou occidental, l'esprit chrétien anime, en effet, toute cette littérature, et lui a donné ces formes savantes, cette allure chaste et contenue qui la distinguent entre toutes celles des peuples de l'Asie occidentale, ce caractère positif et sévère qui l'a entraînée de préférence vers le genre historique, dans lequel elle est si riche.

Au milieu des révolutions qui agitèrent l'Arménie jusqu'à sa régénération accomplie par le christianisme, la poésie populaire, qui avait disparu avec la première dynastie issue de Haïg, se ranima sous les deux princes arsacides, Artaxès II et son fils Artabaze, et, après avoir jeté un éclat assez vif, mais très rapide, elle s'éteignit à jamais. Le règne d'Artaxes, qui ne fut pas sans gloire, ainsi que la destinée bizarre et la tira dramatique d'Artabaze, expliquent suffisamment cette résurrection momentanée de la muse arménienne. Les divers événements survenus dans les lieux où sa voix se fit entendre permettent aussi de déterminer les causes qui mirent fin à ses créations. Depuis la guerre de Mithridate, les armées romaines avaient plus d'une fois foulé le sol de l'Arménie, et ses habitants ne cessèrent d'être en contact avec le monde occidental ; la connaissance de la langue grecque et celle des dogmes du christianisme commençaient déjà à se faire jour parmi eux. Ce nouveau courant d'idées dut contribuer sans doute à arrêter celui qui prenait sa source dans les inspirations du génie oriental, et éteindre la verve des bardes nationaux. Ils cessèrent de chanter lorsque le christianisme eut proscrit les traditions antiques et essentiellement païennes dont s'alimentaient leurs vers. Cependant le goût des masses pour ces souvenirs de leurs pères ne s'effaça pas tout à coup après la prédication de saint Grégoire l'Illuminateur. Il était encore dans toute sa force deux cents ans plus tard, au Ve siècle de notre ère, non-seulement parmi les classes inférieures de la société, mais encore à ses degrés les plus élevés. Moïse de Khorène reproche bien des fois au prince Isaac de la noble famille des Bagratides, pour lequel il composa son livre, un amour exagéré des légendes orientales qu'il qualifie de contes absurdes, tandis que lui-même admire sans réserve les fables de la Grèce ; « si belles, dit-il, si pleines de sens et de raison, et qui cachent la vérité sous le voile ingénieux de l'allégorie.. » Ces paroles n'ont rien d'étonnant dans la bouche de cet historien sorti des rangs de cette jeunesse arménienne qui, avec le christianisme, s'était inoculé le goût le plus vif pour la littérature grecque, et que l'on voyait alors accourir en foule à Constantinople, Alexandrie, Athènes et Rome, et se presser autour des chaires où des maîtres célèbres professaient la philosophie et les belles-lettres. Mais, pour la partie de la nation restée en dehors de ce mouvement scientifique, ces légendes n'avaient rien perdu de leurs charmes. Moïse affirme que les ballades populaires étaient encore en honneur parmi ses contemporains, et que lui-même en avait entendu répéter les refrains. Les habitants de Koghten, district situé dans l'est de l'Arménie, n'avaient point cessé de les redire, et les conservaient avec amour comme un patrimoine héréditaire. Ce district, qui confinait à la Médie et à la Perse, était devenu, en effet, le dernier boulevard du paganisme, chassé de partout ailleurs. Moïse, en parlant de saint Mesrob, l'inventeur de l'écriture arménienne, qui était allé se fixer dans le pays de Koghten, rapporte que la secte des païens, qui avait trouvé là un refuge, et qui s'y était tenue cachée pendant le règne de Tiridate II (259-314), se montra à découvert lors du déclin de l'empire des Arsacides, et que saint Mesrob la détruisit à l'aide de Schapith, chef de ce district. Un fragment de poésie, qui s'était maintenu dans la tradition orale jusque dans la première moitié du XIe siècle, et qui nous est fourni par un écrivain de ce siècle, le prince Grégoire Makisdros [5], est la dernière production des chantres de l'ancienne Arménie que le temps ait respectée.

On vient de voir comment l'existence de la poésie populaire de l'Arménie fut liée aux destinées sociales et politiques de ce pays ; nous allons tâcher d'en apprécier la valeur au point de vue esthétique.

Section II

Le vieil historien syrien Mar Iba Katina, dont Moïse de Khorène nous a transmis en partie les récits, et qui avait consulté les livres chaldéens que la conquête avait fait passer aux mains des Parthes, — en nous faisant connaître les origines de la poésie populaire dans l'Arménie, — en définit parfaitement le caractère. Il dit que la mention des actes des souverains de la première dynastie, depuis Haïg jusqu'à Aram, le huitième de ces souverains, n'avait pas été conservée dans les registres officiels, mais seulement dans des « chants composés par des hommes vulgaires et obscurs, et recueillie plus tard dans les archives d'état. » Ces paroles nous offrent une indication précise de ce qui fait l'essence de la poésie populaire, c'est-à-dire d'être l'expression spontanée et anonyme du sentiment des masses. Nous verrons de plus qu'à l'impersonnalité de la création, la poésie arménienne réunissait à un haut degré la signification historique ou la valeur du mythe.

Ces chants étaient fondés sur des traditions qui avaient été coordonnées systématiquement et arrangées suivant la convenance du sujet, ou peut-être dans l'ordre chronologique, ainsi qu'on peut l'induire de plusieurs expressions de Moïse de Khorène. Il paraît aussi que leur importance historique avait fixé de bonne heure l'attention des rois assyriens, suzerains de l'Arménie, qui s'attachèrent à les faire rassembler dans leur *divan* ou chancellerie. Ce soin jaloux de la conservation officielle et permanente de tous les documents qui perpétuaient le souvenir des événements passés ou contemporains exista, en effet, de tout temps dans les grandes monarchies de l'Asie occidentale. Nous savons par l'auteur du *Livre d'Esther* (VII, 1 et 2, X, 2) avec quelle régularité étaient rédigées à la cour de Suze les annales de l'empire. Les souverains dans leurs palais, et les corporations sacerdotales dans les temples, possédaient des archives. Moïse cite celles de Ninive, de Nisibe, de Sinope et d'Édesse ; ces dernières s'étaient enrichies de tous les documents que les Romains purent se procurer en Orient, et qu'ils y accumulèrent, lorsqu'ils furent devenus maîtres de la Mésopotamie par la cession que leur en fit le roi Érouant. Des officiers publics étaient chargés de veiller sur ces établissements, au dire du même écrivain, qui les mentionne sous le titre d'*inspecteurs des mémoriaux*. Cependant l'Arménie, livrée par des invasions et des révolutions fréquentes à une continuelle instabilité, n'avait aucune institution de ce genre, et, lorsque Valarsace voulut connaître l'histoire de ses prédécesseurs, il fut obligé, comme nous l'avons vu, d'envoyer fouiller les archives des Arsacides de Perse. Les chants que Moïse de Khorène recueillit de la bouche de ses compatriotes, et qu'il a rapportés textuellement, ne se transmettaient que par la communication orale.

Dans la Perse, la poésie populaire prit un essor qu'elle n'atteignit nulle autre part en Orient. L'esprit belliqueux qui anima cette puissante nation, la suprématie qu'elle exerça sur l'Asie occidentale depuis l'avènement des Achéménides, l'étendue de ses conquêtes, donnèrent aux productions de ses bardes un caractère éminemment épique. Ses traditions héroïques avaient déjà au Ve siècle, comme on en a la preuve par le livre de Moïse, une forme à peu près semblable à celle qu'elles ont affectée depuis lors. Dans le siècle suivant, un des princes de la dynastie sassanide, le célèbre Khosroës Anouschirwan, fit rassembler dans toutes les parties de son empire les récits populaires concernant les anciens rois de Perse et en fit déposer la collection dans sa bibliothèque. Ce travail fut repris sous le dernier de ses successeurs, Iezdedjerd III, qui chargea le *dihkhan* Danischwer, un des hommes de la cour de Ctésiphon les plus distingués par la naissance et le savoir, de mettre en ordre les matériaux réunis par Khosroës, et d'en remplir les lacunes avec l'assistance de plusieurs *mobeds* ou mages. Les *dihkhans*, suivant la remarque de M. J. Mohl, l'ingénieux et savant traducteur du *Schah-Nameh* ou *Livre des Rois*, l'épopée de la Perse, les *dihkhans* étaient des chefs propriétaires de terres et de villages ; ils constituaient une sorte d'aristocratie territoriale, en possession d'une influence locale qu'ils retinrent même après que les Arabes, en 637, se furent emparés de la Perse. Ces familles étaient d'autant plus intéressées à conserver les souvenirs historiques de leurs localités, qu'une grande partie d'entre elles descendaient des races royales et princières dont les hauts faits formaient la matière de ces souvenirs. Dans les âges postérieurs, plusieurs princes des dynasties qui s'élevèrent sur divers points de la Perse, les Soffari les, les Samanides, les Gaznévides, imprimèrent une vive impulsion aux recherches entreprises précédemment par ordre de Khosroës Anouschirwan et d'Iezdedjerd III. Ces travaux donnèrent naissance à plusieurs ouvrages qui tous parurent sous le titre de *Livre en Histoire des Rois*, et dont le plus remarquable, composé dans l'intervalle écoulé depuis la fin du Xe siècle jusqu'aux premières années du siècle suivant, est le *Schah-Nameh*, ce poème qui a immortalisé le nom de Firdoussy, son auteur. Dans un grand empire comme la Perse, toujours indépendant et où l'unité du pouvoir ne fut point brisée dans la transition d'une dynastie à l'autre, on conçoit comment la tradition nationale a pu se développer, prendre corps, se maintenir pendant des siècles à l'état oral, et enfin se transformer en une vaste et magnifique épopée. Dans l'Arménie, cette contrée morcelée autant par sa constitution politique que par la nature, soumise à une foule de dominations étrangères, et ouverte aux influences extérieures qu'y apportaient tous les vents de l'horizon, une semblable création ne put se réaliser. Une preuve péremptoire à l'appui de cette assertion se tire du silence de Moïse de Khoréne, si savant dans la connaissance des antiquités de sa et qui, pour rédiger son histoire, ne négligea aucune des informations qu'il put obtenir. Un phénomène analogue s'est manifesté ailleurs : les Serviens et les Espagnols ont des chants populaires qui se rapprochent tellement du poème épique, qu'il ne fallait qu'un peu plus de liaison entre eux pour donner naissance à une épopée ; mais la Servie n'eut jamais une unité nationale bien assise et durable, et en Espagne cette unité ne se constitua qu'après un long et pénible enfantement, et lorsque l'âge de la poésie populaire était déjà sur son déclin. Ajoutons qu'il manqua à ces deux pays, comme à l'Arménie, un homme d'un génie assez puissant pour coordonner ces matériaux et en construire un édifice semblable à celui qu'élevèrent Homère dans la Grèce, Firdoussy en Perse, Vyasa et Valmiki dans l'Inde. Ce que j'ai dit suffira pour prouver que la faculté épique, que la nature a départie à la famille indo-européenne à l'exclusion des peuples d'autre race, n'a point non plus fait défaut aux Arméniens, et que cette faculté, comme leur langage et les traits de leur conformation physique, trahit leur descendance de cette famille.

La poésie arménienne, quoique basée sur des traditions de cette nature, fut, par sa forme, essentiellement lyrique. Cette forme est celle qu'elle a revêtue dès la plus haute antiquité, qu'elle avait au temps de Moïse de Khorène, et qui lui est restée dans les âges postérieurs, même sous la loi de l'Evangile. Les courts fragments que cet auteur a sauvés de l'oubli accusent, pour la plupart, quant au fond de la pensée, une intention épique ; mais par les allures du style et le rythme, autant du moins que nous pouvons le reconstruire aujourd'hui, ils procèdent du genre lyrique. On pourrait peut-être remonter à l'idée de ce que fut cette primitive poésie en étudiant celle du *Schaaegan* ou livre des hymnes de l'église arménienne, recueil qui contient plusieurs pièces dont la rédaction date du Ve siècle, époque où retentissaient encore les anciens refrains populaires. La nouvelle poésie, fécondée par le spiritualisme chrétien comme l'ancienne l'avait été par les hauts faits des héros ou par les mythes du paganisme, se montre à nous dans le *Scharagan* quelquefois pleine de fraîcheur et d'une onction suave et pénétrante, et quelquefois aussi d'une rare élévation ; mais autant son vol est hardi dans l'ode sacrée, autant elle se traîne humble et languissante dans les poèmes de longue haleine, enfantés dans les XIe, XIIe et XIIIe siècles, âge de décadence pour la langue et le goût, et de ruine pour le pays. Dépouillant son antique simplicité pour se surcharger d'ornements, elle substitua à un mode de versification dont la mesure variée se prêtait admirablement à l'expression lente ou rapide, douce ou énergique de la pensée, un système uniforme par le nombre toujours le même des syllabes, par une césure invariable et par le retour perpétuel d'une même assonance finale.

Un orientaliste d'une érudition aussi étendue que solide, Saint-Martin, pensait que les vers monorimes des Arméniens ne sont qu'une imitation du même genre de poésie alors très en vogue parmi les Français, et dont ceux-ci leur avaient fourni le modèle au milieu des rapports continuels et si étroits qu'ils entretinrent avec eux pendant les croisades. Cependant un poète arménien moderne, qui est aussi un critique très ingénieux, le révérend père Arsène, membre de la congrégation des Mekhitaristes de Venise, incline à croire que ce fut un emprunt fait aux Arabes, et ce qui tranche la question en sa faveur, c'est que ce genre de versification se rencontre dans le poème de Grégoire Makisdros, qui mourut en 1058 et qui fut par conséquent antérieur de près d'un demi-siècle aux guerres saintes de la Palestine.

Quoique nous ne possédions maintenant que de faibles débris des ballades arméniennes, il est possible cependant de constater que la muse populaire avait consacré un certain nombre de types à chacun desquels se rattachait un ordre ou série de chants. Haïg, le glorieux fondateur de la monarchie, Tigrane Ier, l'un de ses successeurs immédiats, vainqueur d'Astyage, roi des Mèdes, Artaxès II, qui brilla parmi les Arsacides, et son fils Artabaze à la destinée si tragique, tels sont les héros du cycle national ou *arménien*. Un second cycle, que j'appellerai *assyrien*, comprenait le règne long et éclatant de Sémiramis. Les légendes de la Perse et celles surtout du roi Piourasb Astyage [6], si célèbre dans le *Schah-Nameh* de Firdoussy sous le nom de Zohak, composaient un troisième cycle que je distinguerai par la dénomination de *médo-perse*. On aime à voir apparaître, sous les traits que leur prêtait la tradition dans l'Orient et telles que les Arméniens nous les ont conservées, la grande figure de la reine des Assyriens et celle de l'aïeul de Cyrus, du Mède Astyage, et à les envisager sous un point de vue si différent de celui où nous placent les historiens grecs.

La poésie populaire arménienne comportait trois genres, diversifiés soit par la nature du sujet auquel chacun d'eux était adapté, soit par une variété particulière du rythme ou de la mesure. Les expressions par lesquelles Moïse de Khorène désigne ces trois catégories de chants sont extrêmement obscures, et on peut conjecturer que déjà de son temps elles n'avaient plus qu'une signification archaïque. On ne saurait les éclaircir qu'à l'aide d'un commentaire philologique qui ne saurait trouver place ici, et dont je me bornerai à noter les aperçus essentiels. Les chants appelés *Ierk Vibaçanatz* ou *historiques* étaient destinés, comme leur nom tend à le faire supposer, à célébrer des faits et des personnages réels sans repousser toutefois la fiction, de la même manière que l'épopée et la tragédie, dont les anciens nous ont laissé le modèle, reposent sur une donnée vraie au fond, mais présentée dans un cadre agrandi ou embelli par l'imagination du poète. Ces chants furent appliqués principalement aux traditions épiques et durent avoir quelque ressemblance avec les *romances* chevaleresques de l'Espagne ou les ballades héroïques de la Servie. Pour comprendre ce qu'étaient les *Ierk Thveliatz* ou *chants de nombre*, c'est-à-dire *chants métriques*, il faut se reporter à ce que nous avons dit du *Scharagan* ou hymnaire arménien. Nous avons cherché, d'après le caractère des pièces contenues dans ce livre, à nous faire une idée de ce que dut être, au point de vue esthétique, la poésie populaire dans l'Arménie païenne. Le même recueil peut aussi nous guider dans nos conjectures sur la formation et la facture de cette primitive poésie. La prose rythmique et cadencée paraît en avoir été le point de départ. Cette prose fut ensuite coupée en vers ou lignes d'un nombre déterminé de syllabes ; on divisa ces syllabes en pieds ou mesures ; enfin, vers le xi- siècle, on y introduisit la rime. Le *Scharagan* nous offre des pièces appartenant à ces divers ordres de composition, et qui sont toutes appropriées au chant ou plutôt à une sorte de récitatif. Les *Ierk Thveliatz* pouvaient être des poésies dont la versification se réglait sur le nombre des syllabes et peut-être aussi sur la division de ces syllabes en pieds, à la différence des chants, qui ne consistaient qu'en une prose cadencée et qui furent sans contredit les plus anciens de tous.

Il y avait en troisième lieu les *Ierk Panitz* ou *Ierkarank Panavork*, littéralement *chants de raison*. Cette dénomination conduit à penser que l'allégorie en était bannie, qu'ils étaient d'une contexture simple et naturelle, et conçus dans une pensée morale. Moïse de Khorène cite la légende qui circulait sur le compte d'un personnage appelé Dork, que le roi Valarsace établit préfet des contrées de l'occident et que l'on comparait, pour sa haute taille et sa vigueur extraordinaire, au fameux héros des traditions persanes, Roustem, qui pouvait tenir tête à cent vingt éléphants.

L'auteur arménien remarque à ce propos que, par une idée fort malentendue, on célébrait Dork dans un *chant de raison* où sa force et son courage étaient vantés avec exagération. Il est évident qu'il a voulu mettre en contraste la tendance positive ou morale de ces sortes de chants avec le caractère fabuleux des prouesses de Dork, et montrer l'inconvenance de l'application qui en avait été faite à un pareil sujet.

Il nous reste maintenant à parcourir le livre de cet historien, afin de relever les fragments de poésies populaires qu'il y a insérés et les légendes auxquelles elles servaient de cadre. Pour relier ces fragments épars, nous suivrons l'ordre chronologique des faits auxquels ils se rattachent, et qu'il a consignés dans sa narration. En examinant avec quelque attention ceux de ces récits qu'il doit à Mar Iba Katina, il est impossible de ne pas être frappé du ton épique qui y règne, et qui atteste qu'ils ne sont qu'une reproduction de ces chants historiques anonymes dont parle le vieil écrivain syrien, et que les monarques d'Assyrie avaient fait recueillir. S'il est difficile d'accorder à ces poésies la même antiquité qu'aux héros qu'elles mettent en scène, et qui, en s'enfonçant dans les obscures profondeurs de l'histoire, ne nous apparaissent que sur la limite des âges mythologiques, comme Bélus et Sémiramis, il est impossible de ne pas admettre, d'après certains détails dans les portraits et les descriptions locales, qu'elles ne soient un écho fidèle, quoique lointain, des traditions contemporaines.

Le premier et le plus ancien récit de Mar Iba Katina est celui qui, d'accord avec les souvenirs encore vivants du temps de Moïse de Khorène, nous peint Haïg se soulevant contre l'oppression de Bélus et émigrant vers les contrées du nord, en Arménie, puis soutenant vaillamment la lutte que le roi d'Assyrie engagea contre lui, et assurant son indépendance par la défaite et la mort de ce prince. On remarquera dans ce fragment quelques traces de ces réminiscences grecques introduites après coup dans les textes dont fit usage l'historien syrien, et que j'ai déjà signalées.

« Haïg, ce chef remarquable par sa beauté aux proportions harmonieuses, sa force musculaire, sa chevelure bouclée, son vif regard, Haïg, le plus brave, le plus renommé entre les péans, s'opposa à tous ceux qui levaient une main dominatrice sur les géants et les héros. Dans son audace, il entreprit de résister à la tyrannie de Bélus, lorsque le genre humain se répandit au loin sur la terre, au milieu des flots pressés d'un peuple d'êtres féroces, d'une force et d'une taille démesurées. Chacun d'eux, poussé par sa frénésie, enfonçait le glaive dans les flancs de son compagnon, et s'efforçait de s'arroger l'empire. Cependant la fortune aida Bélus à se rendre maître absolu. Haïg, refusant de lui obéir, après avoir engendré son fils Arménag à Babylone, s'en va au pays d'Ararad, vers le nord, avec ses fils, ses filles, les fils de ses fils, hommes vigoureux au nombre de trois cents, avec ses serviteurs et des étrangers qui s'étaient dévoués à lui, et avec tout son avoir. Il s'arrêta au pied d'une montagne, dans une plaine habitée par un petit nombre d'hommes qui s'étaient précédemment dispersés. Haïg, leur ayant imposé sa loi, fonda en cet endroit un établissement qu'il donna en apanage à Gatmos, fils d'Arménag.

« Bélus, ce Titan, ayant affermi sa domination universelle, envoie dans le nord vers Haïg un de ses fils, accompagné de quelques hommes sûrs, pour lui apporter ces paroles : — Tu es allé te fixer, lui dit-il, au milieu des frimas ; réchauffe, adoucis l'âpreté glaciale de ton caractère hautain, reconnais mon autorité, et vis tranquille, là où il te plaira, dans toute l'étendue de mes domaines. Mais Haïg ne répondit à cette proposition que par un fier refus, et les envoyés de Bélus s'en retournèrent à Babylone.

« Alors Bélus, rassemblant des forces considérables, composées d'infanterie, marche vers le nord, au pays d'Ararad, et parvient auprès de la demeure de Gatmos. Celui-ci prend la fuite, en faisant partir en avant de rapides messagers. — Apprends, dit-il à Haïg, ô le plus grand des héros, que Bélus vient fondre sur toi avec ses braves immortels, ses athlètes à la stature colossale. En apprenant qu'ils approchaient de mon habitation, j'ai fui ; me voici accouru en toute hâte. Songe immédiatement aux mesures que tu as à prendre.

« Bélus, à la tête de ses troupes irrésistibles, pareil à un torrent impétueux qui se précipite du haut d'une pente escarpée, arrivait à grands pas sur les confins des possessions de Haïg. Il comptait sur la valeur et la force de ses soldats ; mais Haïg, ce géant réfléchi et prudent, à la chevelure bouclée, au vif regard, rassemble en toute diligence ses fils et ses petits-fils, poignée de guerriers intrépides, armés d'arcs, et d'autres hommes qui vivaient sous sa dépendance ; il se porte sur les bords d'un lac [7] dont les eaux salées nourrissaient de petits poissons. Alors, élevant la voix : Marchons, dit-il, marchons droit vers l'armée de Bélus, et efforçons-nous d'atteindre le lieu où il se tient entouré de ses braves. Si nous succombons, nos familles passeront sous le joug de la servitude ; si au contraire nos bras nous donnent l'avantage sur lui, toutes ses troupes se disperseront, et nous resterons maîtres de la victoire.

« Aussitôt, franchissant le vaste espace qui se présentait devant eux, les soldats de Haïg s'élancent dans une plaine qui s'ouvrait entre de très hautes montagnes et vont se retrancher sur une hauteur, à la droite du lit d'un terrent. Comme ils levaient les yeux, l'armée ennemie leur apparut, tourbe en désordre, courant çà et là sur toute la surface du pays avec un élan impétueux. Cependant Bélus, tranquille et se fiant sur le nombre de ses troupes, se tenait à la gauche du torrent, sur une colline, comme dans un poste d'observation. Haïg reconnut, au milieu d'un détachement de soldats pesamment armés, son adversaire, qui marchait en avant escorté de guerriers d'élite, et séparé par un long espace du gros de son armée. Bélus portait un casque de fer à longue crinière, une cuirasse en écailles d'airain qui lui couvrait le clos et la poitrine, des cuissards et des brassards ; il avait au côté gauche un glaive à double tranchant qui pendait à un ceinturon. Sa bonne lance était dans sa main droite, son bouclier dans la gauche. Autour de lui se pressaient les plus braves d'entre les siens. Haïg, voyant ce Titan armé de toutes pièces et ainsi protégé, place Arménag avec ses deux frères à la droite, Gatmos et deux autres de ses fils à la gauche, tous hommes habiles à manier l'arc et l'épée. Lui-même s'établit à l'avant-garde, range par derrière le reste de ses troupes en triangle, et les fait avancer doucement.

« Alors les géants se précipitent des deux côtés les uns sur les autres ; leur choc faisait retentir la terre d'un bruit effroyable, tandis que par leurs assauts furieux ils s'efforçaient de s'inspirer mutuellement la crainte et l'épouvante. Grand nombre d'entre eux passèrent sous le tranchant du glaive et mordirent la poussière. Cependant le succès de la lutte restait indécis. À la vue d'une résistance aussi inattendue, le roi, tout effrayé, lâche pied, et remonte sur la colline d'où il était descendu. Il pensait trouver un abri assuré au milieu des siens, jusqu'à ce que, le gros de son armée étant arrivé, il pût engager une action générale. Comprenant cette manœuvre, Haïg, l'arc en main, s'avance vers lui, et, bandant en plein et avec force son arc à la large courbure, il décoche une flèche garnie de trois ailes contre les lames d'airain qui recouvraient la poitrine du roi. Le trait, pénétrant de pari en part, lui sort par le milieu des épaules et va retomber à terre. C'est ainsi que le fier Titan abattu expire. Ses troupes, à la vue de ce coup terrible du valeureux Haïg, s'enfuient tout droit sans s'arrêter. »

Dans la légende de Sémiramis, le récit de la conquête qu'elle fit de l'Arménie paraît avoir été accommodé par les poètes aux goûts du vulgaire. Cette princesse, éprise d'Ara, le huitième successeur de Haïg, dont elle avait entendu vanter la beauté, lui envoya de riches présents, et le fit solliciter par des instances réitérées de venir la trouver à Ninive, lui offrant sa main et la couronne d'Assyrie ou les épanchements d'une tendresse dont aucun lien n'enchaînerait la liberté. Ara, fidèle à son épouse bien-aimée Nouart, repousse ses avances. Outrée de se voir dédaignée, Sémiramis vient, avec des forces nombreuses, fondre sur l'Arménie ; mais au moment du combat elle veut que ses généraux épargnent, s'il est possible, la vie de l'objet de sa passion. Cependant les troupes assyriennes sont victorieuses ; Ara succombe dans la mêlée. Alors elle donne l'ordre à ceux qui avaient l'office de dépouiller les cadavres de chercher son corps parmi les morts, et elle le fait transporter sur la terrasse de son palais. Comme les Arméniens revenaient à la charge pour venger le trépas de leur souverain, elle fait entendre ces paroles : — « J'ai commandé à mes dieux de lécher les plaies d'Ara, et il sera rappelé à la vie. » Elle espérait en même temps, par la puissance de ses enchantements magiques, le ressusciter ; mais, la putréfaction ayant gagné le cadavre, elle le fait jeter dans une fosse profonde, loin de la vue de tous. Puis, prenant auprès d'elle un de ses amans qu'elle avait fait travestir en secret, elle répand cette nouvelle - Les dieux, ayant léché les plaies d'Ara, lui ont rendu l'existence. — Ces bruits, propagés en Arménie, persuadent les esprits et mettent fin à la guerre.

Ce passage est surtout précieux par le témoignage qu'il renferme et auquel j'ai déjà fait allusion : c'est celui de la connexion qui existait entre le système religieux de l'Arménie et celui des Assyriens. Les écrivains arméniens nous parlent d'une classe d'êtres surnaturels ou de divinités nées d'un chien [8] et appelées *Arlêz*, dont les 'fonctions étaient, ainsi que l'indique la signification de leur nom [9], de lécher les blessures des guerriers tombés sur le champ de bataille et de les faire revenir à la vie. Un autre passage que nous fournit un historien du Ve siècle, Faustus de Byzance, jette de nouvelles lumières sur ce mythe, et, ce qui est très remarquable, nous le montre persistant encore en Arménie à la fin du IVe siècle, quoique le christianisme y fût devenu la religion dominante. Il s'agit, dans Faustus, du général en chef des Arméniens, Mouschegh, de la famille satrapale des Mamigoniens, qui fut calomnié auprès du roi arsacide Varaztad, fils de Bab (384 à 386 de Jésus-Christ), par le gouverneur de ce prince, Pad Saharouni, lequel voulait enlever à Mouschegh la charge de commandant des troupes, et qui, de complicité avec le roi, le tua dans un festin offert par ce dernier à sa noblesse. « Lorsque l'on eut apporté, raconte l'historien, le corps du général Mouschegh dans sa maison, chez ses parents, ceux-ci ne croyaient pas à sa mort, quoiqu'ils lui vissent la tête séparée du tronc ; ils disaient : « Mouschegh a affronté bien des fois les hasards de la guerre, et jamais il n'a reçu de blessure ; jamais flèche ne l'a atteint, ni arme ennemie ne l'a percé. » Quelques-uns d'entre eux espéraient le voir ressusciter ; ils réunirent la tête et le tronc, qu'ils transportèrent sur la plate-forme d'une tour. Ils disaient : « C'était un brave, et les Arlêz [10] descendront et lui rendront la vie. » Ils restèrent à garder son corps jusqu'à ce qu'enfin il tomba en putréfaction ; alors, versant des larmes, ils l'enterrèrent suivant les rites consacrés.

La mort de Sémiramis était aussi un des thèmes favoris des bardes arméniens. Cette princesse avait l'usage d'aller, pendant les chaleurs de l'été, dans le nord, habiter sa ville de Schamiramaguerd, sur le bord oriental du lac de Van, et elle avait préposé le mage Zoroastre (Zerataschd), qui était à Ninive le chef des Mèdes, au gouvernement de l'Assyrie. Il se révolta contre elle, la défit et la força de se réfugier en Arménie. « Les légendes de notre pays, dit Moïse, confirment le récit du docte syrien Mar Iba Katina ; elles racontent que l'issue malheureuse de cette guerre fut suivie de la mort de Sémiramis. Elles peignent sa fuite à pied, et sa soif ardente, et son empressement à trouver de l'eau et à se désaltérer, et lorsque des soldats, l'épée à la main, arrivent sur ses traces, le jet du talisman dans la mer (de Van). C'est de là qu'est restée dans la tradition cette phrase : — « Les perles de Sémiramis dans la mer. — Aimes-tu les fables ? Il y a celle de Sémiramis changée en pierre bien avant Niobé. »

Un portrait évidemment dessiné d'après nature que nous a laissé cette vieille poésie arménienne est celui du neuvième des souverains descendants de Haïg, Tigrane (Dikran) Ier, l'un des princes les plus illustres de cette dynastie : « Héros aux cheveux blonds, argentés par le bout, au visage coloré, au doux regard (littéralement, à l'œil de miel) ; ses membres étaient robustes, ses épaules larges, sa jambe alerte, son pied bien tourné ; toujours sobre dans ses repas et réglé dans ses plaisirs. — Nos ancêtres, ajoute Moïse, célébraient au son du *pampirn* [11] sa modération dans les plaisirs des sens, sa magnanimité, son éloquence, ses qualités utiles dans tout ce qui touche à l'humanité. Toujours juste dans ses jugements et ami de l'équité, il tenait la balance en main et pesait avec attention les actions de chacun. Il ne portait point envie à ceux qui étaient plus grands que lui ; il ne méprisait pas ceux qui lui étaient inférieurs, et n'avait d'autre ambition que d'étendre sur tous le manteau de sa sollicitude. » Ces épithètes, *aux cheveux blonds, argentés par le bout, au visage coloré*, etc., par lesquelles un poète très certainement contemporain peint Tigrane, font songer à *l'Achille aux pieds légers, à la Junon aux yeux de boeuf*, etc., du chantre de l'Iliade. Le style tempéré et la tendance morale de ce fragment pourraient peut-être porter à supposer qu'il appartenait à la classe des poésies populaires que Moïse de Khorène appelle *Ierk Panitz* ou chants de raison, et qui rejetaient l'emploi de l'allégorie.

Le songe prophétique dans lequel le roi des Mèdes Astyage entrevit sa défaite par Tigrane et sa mort de la main de ce prince a au contraire quelque chose du mouvement et de l'inspiration épiques. La couleur symbolique dont il est empreint, la manière si dramatique dont il est amené, nous font pencher à croire que c'est là une de ces conceptions de la muse arménienne qui étaient rangées dans la catégorie des chants appelés *Ierk Vibaçanatz* ou historiques. Autant le songe de Jacob, dans la Genèse, est beau de cette simplicité qui est le propre de l'esprit patriarcal, autant la pompe et la grandeur du génie oriental éclatent dans le songe d'Astyage. On dirait un reflet de cette teinte sombre qui plane sur les Visions apocalyptiques d'Ézéchiel et de saint Jean, une émanation de ce même ordre d'idées qui a enfanté les monuments de la civilisation assyrienne, tels qu'ils se sont montrés a nos regards dans ces derniers temps, arrachés du sein de la terre qui les recélait depuis tant de siècles.

« Un grand danger menaçait alors le Mède Astyage, par suite de la coalition de Cyrus et de Tigrane. De l'extrême agitation des pensées qui l'obsédaient sortit, pendant le sommeil de la nuit, un songe, une apparition où il vit ce qui jamais, en état de veille, n'avait frappé son regard, ce que ses oreilles n'avaient jamais entendu. Réveillé en sursaut et sans attendre que l'heure fixée par le cérémonial ait ramené le moment du conseil, car il restait encore bien des heures de la nuit à s'écouler, il appelle les grands de sa cour, et, le visage tristement incliné vers la terre, il laisse échapper du fond de sa poitrine de sourds gémissements. Comme ses conseillers lui en demandaient la cause, il reste très longtemps sans répondre ; enfin il entreprend, en soupirant, de leur tout dévoiler, les pensées et les soupçons nés dans le secret de son cœur, et les détails de l'horrible vision qui s'était révélée en lui. Il m'a semblé, dit-il, ô mes amis, que je me trouvais aujourd'hui dans une contrée inconnue, auprès d'une montagne qui s'élevait à une hauteur considérable, et dont la cime apparaissait enveloppée d'énormes glaciers. On aurait dit qu'elle était située dans le pays des enfants de Haïg. Comme je considérais depuis longtemps cette montagne, une femme, vêtue de pourpre et couverte d'un voile bleu de ciel, se montra assise sur la cime. Ses yeux étaient beaux, sa stature haute, ses joues vermeilles ; elle était dans les douleurs de l'enfantement. Mon regard était fixé avec une attention soutenue sur ce spectacle qui me plongeait dans l'étonnement, lorsque cette femme mit au monde tout à coup trois héros qui, pour la taille et la force, avaient atteint leur complet développement. Le premier, monté sur un lion, prit son vol vers l'occident ; le second, sur un léopard, s'élança vers le septentrion ; le troisième, guidant un dragon énorme, se précipita avec fureur sur notre empire. Au milieu de ces visions confuses, il me semblait que, debout sur la terrasse de mon palais, j'en voyais la plate-forme ornée de magnifiques tapis aux couleurs variées, et que nos dieux, à qui je dois la couronne, étaient là présents dans tout l'éclat de leur majesté, et moi, avec vous, leur offrant des sacrifices et de l'encens. Tout à coup, levant les yeux, j'aperçus le cavalier chevauchant sur un dragon, qui accourait en volant avec la rapidité de l'aigle. Il croyait, en arrivant sur nous, exterminer nos dieux ; mais moi, Astyage, me précipitant à sa rencontre, je soutins ce formidable choc et je combattis ce merveilleux héros. Nous nous frappâmes d'abord l'un l'autre de la lance ; le sang coulait à flots, et la plate-forme du palais, qui brillait des rayons d'un soleil resplendissant, devint, par nos coups multipliés, une large mer de sang. Puis, recourant aux autres armes, nous continuâmes la lutte pendant plusieurs heures. Mais à quoi me servirait de prolonger ce récit ? Inondé de sueur par l'impression du danger que j'avais couru, je sentis le sommeil s'enfuir loin de mes paupières, et depuis ce moment je ne sais plus si j'existe.

Ces sinistres présages reçurent un accomplissement dont Astyage lui-même fut la cause et que prépara sa perfidie envers Tigrane. On sait comment la guerre éclata entre eux, comment le monarque mède fut vaincu par le roi arménien et périt d'un coup de lance que celui-ci lui porta et qui le traversa de part en part *comme une lame d'eau*. C'est alors qu'une troupe de dix mille Mèdes captifs vint s'établir par ordre de Tigrane au pied du Massis ou Ararad, du côté oriental, où leur postérité continua à résider. Les chants traditionnels dont Moïse invoque le témoignage perpétuaient le souvenir de cette primitive migration des Mèdes d'Astyage en les désignant sous le nom de *descendants des dragons* [12]. Cette dénomination allégorique réveille l'idée d'un mythe célèbre de la Perse qui est une des données principales du *Schah-Nameh* ou *Livre des rois*, et qui nous représente l'antagonisme des races de l'Iran contre les peuples de souche arabe. On lit dans Firdoussy qu'il y avait, du temps du roi Djeinschid, un homme vivant dans les déserts où campent les cavaliers armés de lances. C'était un prince riche et puissant en même temps juste et généreux, et qui avait un fils chéri. Ce fils avait pour nom Zohak, ou - en pehlwy, un des deux idiomes de l'ancienne Perse, — Piourasb, c'est-à-dire l'homme aux dix mille chevaux, car il possédait dix mille coursiers arabes aux brides d'or, dont le renom était grand. Iblis, autrement Ahriman, lui apparut sous la figure d'un homme de bien, et, par ses artifices, l'engagea à consentir à la mort de son père. Le génie du mal creusa sous les pas du vieillard une fosse où il se brisa en tombant. Une seconde fois il se montra à ce fils coupable sous la figure d'un cuisinier. Ayant su flatter sa sensualité par des mets nouveaux et appétissants et capter sa bienveillance, il lui demanda comme un honneur suprême la faveur de déposer un baiser sur ses épaules. Le contact des lèvres d'Ahriman en fit sortir deux serpents ou dragons noirs. Zohak, consterné et en proie à d'affreuses douleurs, les fit couper ; mais ils repoussèrent aussitôt comme une branche d'arbre. Ahriman revint encore, cette fois sous les traits d'un médecin, et déclara à Zohak que rien ne détruirait son mal tant que les deux reptiles auraient en eux une étincelle de vie, mais qu'il pourrait l'adoucir en les nourrissant de cervelles humaines. Cependant Djemschid, qui s'était aliéné le cœur des grands du royaume, avait perdu sa couronne ; ce n'était partout que discordes et combats. Voulant y mettre un terme, les guerriers de la Perse se rendirent dans le pays des Arabes ; ils avaient entendu dire que là se trouvait un homme inspirant la terreur, à face de serpent. Ils lui rendirent hommage comme à leur maître et lui décernèrent le titre de souverain de l'Iran. Zohak, monté sur le trône, l'occupa pendant mille ans. Chaque nuit, deux jeunes gens, tantôt d'humble naissance, tantôt de noble origine, étaient amenés au palais et immolés ; leur cervelle, préparée par le cuisinier royal, servait à assouvir la faim chaque jour renaissante des deux monstres. Tandis que l'impur Zohak se livrait à tous les excès de la plus abominable tyrannie, un enfant qui avait pour aïeux les anciens maîtres de la Perse, Féridoun, vit le jour ; sa nourrice fut la vache Purmaïeh (la belle), la plus merveilleuse de toutes les vaches. En vain Zohak, à qui le mobed Zirek avait annoncé qu'il succomberait un jour sous la massue d'acier à tête de bœuf de Féridoun, le chercha en tous lieux pour le faire périr. La mère de l'enfant, la prudente Firanek, réussit à le mettre en sûreté en l'emportant dans l'Hindoustan sur le mont Elborz. Lorsque deux fois huit ans eurent passé sur lui et qu'il fut devenu grand comme un haut cyprès, il descendit de sa retraite dans la plaine pour aller renverser le tyran. Un secours inespéré lui vint d'un homme du peuple, forgeron par état et nommé Kaweh. Cet homme comptait autrefois dix-sept fils ; seize lui avaient été arrachés et, comme beaucoup d'autres, sacrifiés aux odieuses prescriptions conseillées à Zohak par

Ahriman. Le dernier lui fut aussi ravi. Kaweh alla le réclamer, et le roi, dominé par un pouvoir surnaturel qui n'était autre chose que le sentiment de la réprobation générale dont il commençait à redouter l'explosion, le roi n'osa pas le lui refuser. En sortant du palais, Kaweh courut dans le bazar à l'heure du marché, implorant à grands cris justice et assistance. Arborant au bout d'une lance le tablier de cuir dont il se couvrait les pieds quand il frappait le fer avec son marteau, il souleva les populations et les rallia autour de lui. Tous ensemble allèrent rejoindre Féridoun [13]. Zohak fut vaincu et terrassé, comme le mobed le lui avait prédit, d'un coup de la massue à tête de bœuf qui lui brisa le casque. Féridoun, lui ayant lié les mains et le milieu du corps avec une courroie de peau de lion, si solide qu'un éléphant furieux n'aurait pu la rompre, l'entraîna, rapide comme un coureur, dans la Médie, sur le mont Demavend. Là, il l'enchaîna dans l'étroite anfractuosité d'une caverne dont on ne pouvait apercevoir le fond et le fixa au rocher avec de gros clous. Zohak demeura ainsi suspendu, tandis que le sang de son cœur s'épanchait sur la terre.

Il peut être intéressant de comparer cette légende, telle qu'elle avait cours aux Xe et XIe siècles dans la Perse et telle que Firdoussy l'a introduite dans son épopée, avec la forme qu'elle avait cinq siècles auparavant, du temps de Moïse de Khorène. Le fragment qu'il en a inséré à la fin du premier livre de son ouvrage est, sinon une reproduction textuelle, du moins une réminiscence des poésies populaires qui, à l'époque où il vivait, retraçaient l'histoire de Hroutên (Féridoun) et de Piourasb Astyage (Zohak). « Quant à la naissance des dragons, dit-il, ou quant à Piourasb Astyage, transformé lui-même complètement en dragon, voici le récit qui circule. Piourasb entreprit de sacrifier aux *devs* (génies du mal) des hommes à l'infini, jusqu'à ce qu'enfin, devenu l'objet de l'exécration générale, il fut chassé par les populations ; il s'enfuit dans les hautes régions de la Médie. Comme il était poursuivi avec acharnement, ses gens, se dispersant, l'abandonnèrent. Alors ses ennemis, rassurés par son isolement, s'arrêtèrent dans ces lieux pour y prendre quelques jours de repos. Piourasb, ayant réuni sa troupe dispersée, fond sur eux à l'improviste et leur fait beaucoup de mal. À la fin, le nombre l'emporte, et il est mis en fuite. Ceux qui suivaient ses traces, l'ayant atteint, le tuent non loin de la montagne et jettent son corps dans un puits à soufre. » Ce fragment paraît se rattacher à un récit de l'insurrection nationale que provoqua le forgeron Kaweh. Il diffère sensiblement de celui de Firdoussy. Ailleurs, Moïse de Khorène rapporte une autre tradition qui se rapproche de celle qu'a adoptée l'auteur du *Schah-Nameh*. « Les Perses racontent, dit-il, qu'un certain Hroutên, ayant chargé de chaînes d'airain Piourasb Astyage, le conduisit à la montagne appelée Dembavend, que dans le trajet Hroutên s'endormit et que Piourasb l'entraîna vers la colline. Hroutên, s'étant réveillé, le mena dans les cavernes de la montagne, l'enchaîna et se posa devant lui comme une statue. Piourasb, terrifié, reste ainsi enchaîné et dans l'impossibilité d'aller dévaster le monde [14].

L'un des fils du roi Tigrane Ier, Vahaken, s'est transfiguré dans la légende sous des traits qui l'ont fait assimiler à l'Hercule des Grecs. Sa naissance était célébrée dans un chant cosmogonique où respire en plein le génie symbolique du vieil Orient. Moïse de Khorène en a retenu quelques vers où l'expression, d'une concision extrême et d'une admirable beauté, nous donne une bien haute idée de la perfection à laquelle était parvenue la langue arménienne dans ces âges reculés et du talent des poètes qui surent si bien la mettre en œuvre. Je vais hasarder une traduction de ce texte antique :

Le ciel et la terre étaient dans les douleurs de l'enfantement ;
La mer, aux reflets de pourpre, était aussi en travail ;
Du sein des eaux naquit un petit roseau vermeil ;
Du tuyau de ce roseau sortait de la fumée ;
Du tuyau de ce roseau jaillissait de la flamme ;
De cette flamme s'élançait un petit enfant ;
Il avait une chevelure de feu,
Une barbe de flammes ;
Ses petits yeux étaient deux soleils.

Ces vers étaient encore chantés par les populations au siècle de Moïse de Khorène, car il affirme les avoir entendu répéter au son du pampirn. « On célébrait pareillement les hauts faits de Vahaken, ses victoires contre les dragons, ses exploits aussi merveilleux que ceux d'Hercule. On disait qu'il avait été élevé au rang des dieux, et dans le pays des Ibériens (la Géorgie moderne) on lui éleva une statue devant laquelle on offrait des sacrifices. »

À une époque bien postérieure à celle des personnages précédents et qui nous ramène au temps d'Artaxès II, fils de Sanadroug, le onzième des Arsacides d'Arménie (88-129 de Jésus-Christ), nous voyons les poètes de ce pays s'exercer à l'envi sur les faits et gestes de ce souverain. Son règne, long et prospère, et dont nous connaissons déjà les faits remarquables, justifie cette prédilection marquée. Moïse, en parlant d'Artaxès, mentionne entre autres autorités l'*Histoire des Temples*, écrite par Olympien ou Olympus, prêtre païen d'Ani [15], et les *Annales de la Perse*, mais surtout les chants populaires qui embrassaient le cycle des événements de ce règne. « Les actions du dernier Artaxès, dit-il en s'adressant à Isaac le Bagratide, te sont en grande partie connues par les poésies historiques que l'on chante dans le district de Koghten. La fondation de la ville d'Artaxate, l'alliance de ce prince avec les Alains, sa postérité, l'amour de Sathinig pour les descendants des dragons, désignation symbolique des descendants d'Astyage, qui occupent le pied du Massis, la guerre contre eux, l'anéantissement de leur puissance, leur extermination et l'incendie de leurs habitations, la jalousie qui s'alluma entre les fils d'Artaxès et les combats qu'ils se livrèrent à l'instigation de leurs femmes, — tous ces faits s'offrent à toi mentionnés dans les chants historiques. »

Dans le nombre de ces ballades, il y en a une dont Moïse nous a laissé un fragment, et à laquelle donna naissance la naïve et touchante histoire de la princesse Sathinig, qui devint la femme d'Artaxès.

« Les Alains, ligués avec les montagnards du Caucase et une partie des peuples de l'Ibérie, vinrent fondre sur l'Arménie en nombre considérable. Artaxès, ayant réuni toutes ses troupes, s'avança centre eux. Dans un engagement qui eut lieu sur les confins des deux nations, les Alains plièrent, et, avant traversé le Cyrus, vinrent camper sur la rive septentrionale, tandis que les Arméniens étaient postés sur le bord opposé ; le fleuve les séparait. Le fils du roi des Alains avait été fait prisonnier et conduit à Artaxès. Son père proposa la paix à telles conditions qu'Artaxès exigerait, et sous la promesse, garantie par un serment solennel, que les Alains ne tenteraient plus d'incursion sur le territoire arménien. Comme Artaxès refusait de rendre le jeune prince, la sœur de celui-ci accourut sur le bord du fleuve, et, montant sur un tertre élevé, fit entendre ces paroles, par la bouche des interprètes, dans le camp ennemi : « Ecoute-moi, valeureux Artaxès, vainqueur des braves Alains, consens à me rendre ce jeune homme, à moi, la fille aux beaux yeux. Il n'est pas digne d'un héros, pour satisfaire un désir de vengeance, d'ôter la vie aux fils des héros, ou de les tenir en servitude comme des esclaves et d'entretenir une inimitié sans fin entre deux courageuses nations. » Artaxès, ayant entendu ces sages paroles, s'approcha du fleuve ; il vit la belle Sathinig, écouta ses propositions pleines de sens, et s'éprit d'amour pour elle. Puis, ayant mandé Sempad, vieux guerrier qui avait élevé son enfance, il lui découvrit le désir de son cœur d'épouser la jeune princesse, de faire un traité d'amitié avec sa nation et de renvoyer en paix son frère. Sempad, ayant approuvé ces projets, envoya demander au roi des Alains la main de Sathinig. — Eh quoi ! répondit son père, le valeureux roi Artaxès aurait-il jamais assez de trésors à m'offrir en retour de la noble vierge des Alains ! »

Le mariage se conclut. Voici maintenant comment le poète a transformé les circonstances du récit qui précède :

Le vaillant roi Artaxès, monté sur un beau coursier noir,
Tira une longe garnie d'anneaux d'or et faite de cuir rouge,
Et, prompt comme l'aigle au vol rapide, il franchit le fleuve,
Et lança cette longe garnie d'anneaux d'or et faite de cuir rouge [16]
Autour du corps de la vierge des Alains.
Serrant dans une douloureuse étreinte la taille de cette tendre jeune fille,
Il l'entraîna avec rapidité dans son camp.

Cette royale union avait inspiré aussi les deux vers suivants, que l'on chantait en mode d'épithalame et où il est fait allusion à la coutume qu'avaient les rois arméniens, lors de leur mariage, d'aller à la porte de leur palais jeter des pièces de monnaie, à la manière des consuls romains, et les reines de répandre des perles dans leur chambre nuptiale.

Une pluie d'or tombait au mariage d'Artaxès ;
Une pluie de perles tombait aux noces de Sathinig [17]

Nous devons à un auteur arménien que j'ai déjà eu l'occasion de citer, le prince Grégoire Makisdros, la conservation d'un fragment de poésie qui s'était maintenu jusqu'à lui dans la tradition populaire et qu'il a inséré dans une de ses lettres. Le naturel de la pensée et l'élégance avec laquelle elle est rendue autorisent à croire que c'est là un débris des chants du pays de Koghten. Le poète met dans la bouche d'Artaxès mourant ces mélancoliques regrets de la vie qui lui échappe :

Oh ! qui me rendra la fumée de mon foyer,
Et le joyeux matin de Navassart [18] ?
Et l'élan des cerfs et la légèreté
Des biches ? — Nous faisions retentir les trompettes ;
Suivant l'usage des rois, nous faisions résonner les tambours.

Une des légendes qui pénétrèrent le plus profondément dans les couches populaires est celle qui avait pour sujet Artabaze, le fils aîné et le successeur d'Artaxès, prince au caractère indomptable, d'une ambition sans bornes, et qui, au dire de Moïse de Khorène, fut atteint d'une folie furieuse depuis le moment où il vit le jour jusqu'à sa mort. Le bruit courait qu'à sa naissance les femmes des descendants d'Astyage avaient jeté un sortilège chez lui, et la poésie des chants historiques, allégorisant cette croyance vulgaire, proclamait que les descendants des dragons avaient dérobé l'enfant royal et lui avaient substitué un *dev*. Il y avait peu de temps qu'Artabaze était sur le trône lorsqu'après avoir traversé le pont de la ville d'Artaxate pour aller chasser le sanglier et l'âne sauvage non loin des sources du Kine, égaré par quelque hallucination de son cerveau malade et courant çà et là sur son cheval, il tomba dans une profonde excavation et y périt englouti. Ce sort funeste du jeune prince semble être présenté comme le résultat de la malédiction paternelle. Les poésies du district de Koghten disaient qu'à la mort d'Artaxès, il y eut bien des immolations volontaires sur son tombeau, suivant la coutume du paganisme, et qu'Artabaze, témoin de ce spectacle, adressa avec humeur ces paroles aux mânes de son père :

Puisque tu es parti emportant avec toi tout le pays,
Comment régnerai-je sur des ruines ?

Artaxès, irrité, maudit son fils

Si tu diriges ton coursier vers le noble Massis pour chasser,

Les braves te prendront, te mèneront sur le noble Massis ;
Tu resteras là, et tu ne verras plus la lumière [19].

À côté de la légende, voici maintenant le conte vulgaire : « Au dire des vieilles femmes, Artabaze est renfermé dans une caverne, chargé de chaînes ; deux chiens rongent continuellement ces chaînes, et le prisonnier s'efforce sans cesse de les rompre pour venir porter la dévastation dans le monde ; mais ces chaînes sont raffermies par le bruit du marteau des forgerons, retentissant sur l'enclume. De là vient que de nos jours, fait observer Moïse, beaucoup de forgerons, ayant foi à cette tradition, frappent sur l'enclume trois ou quatre coups le premier jour de la semaine, afin que les liens qui retiennent Artabaze soient, disent-ils, consolidés. »

La légende du fils d'Artaxès passa dans la Géorgie, où elle se perpétue encore, mais elle s'y imprégna d'une couleur chrétienne. — Une femme, surprise en chemin par les douleurs de l'enfantement, mit au monde un enfant qui reçut le nom d'Amiran ; elle souhaitait ardemment pour lui le baptême, mais il n'y avait là personne qui pût remplir son pieux désir. Elle était en proie à une perplexité extrême, lorsqu'un vieillard se présente, qui imprime à l'enfant le sceau du christianisme et promet, d'après le vœu de la mère, de demander à Dieu pour lui une très grande force corporelle. La prière du saint homme fut exaucée, et lorsque Amiran fut parvenu à l'adolescence, doué d'une vigueur surhumaine, il accomplit les prouesses les plus extraordinaires. Enflé par ses succès, il porta la présomption si loin, qu'il osa défier le ciel lui-même. Dieu, irrité, l'attacha avec des chaînes de fer dans une des gorges du Caucase. L'épée d'Amiran gît à terre, tombée près de lui. Il ne lui reste que son chien fidèle, qui lèche continuellement ses chaînes pour tâcher de les amincir et de le délivrer. Le géant au cœur endurci attend avec impatience le moment où, dégagé de ses fers, il pourra aller assouvir se vengeance ; mais l'œil de Dieu ne se ferme jamais. Chaque année, le jour du jeudi saint, sort des entrailles de la terre un forgeron qui vient raffermir les chaînes du captif et les fixer au rocher plus fortement que jamais.

Après avoir relevé tout ce que le temps a épargné des chants populaires et des légendes de l'Arménie païenne, il serait curieux de savoir dans quelles occasions, dans quelles fêtes religieuses ou nationales retentissaient les refrains de ces ballades. Moïse de *Khorène* et les écrivains venus après lui sont muets sur ce point. La seule indication que nous fournisse Moïse est que ces poésies étaient chantées par les enfants d'Aram (Arméniens) dans des représentations solennelles, et qu'elles étaient accompagnées de chœurs de danse. Plusieurs fois il répète que la voix des chanteurs se mariait au son du luth ou pampirn. On pourrait aussi conjecturer, de quelques paroles de Mar Iba Katina, que ces ballades circulaient dans la vie intime et journalière des populations.

De nos jours, le génie poétique de la vieille Arménie n'est pas éteint ; il vit toujours dans les mêmes lieux dont ses accents éveillèrent autrefois les échos. À défaut des patriotiques souvenirs d'une nationalité évanouie depuis bien des siècles, il a su s'ouvrir de nouvelles sources d'inspiration. Un savant Arménien, qui a parcouru, il y a quelques années, les pays d'où il est originaire, M. J.-B. Emine, professeur à l'institut des langues orientales fondé à Moscou par MM. de Lazareff, m'écrivait dernièrement ces lignes : « Un des anciens élèves de notre Institut, établi à Tiflis, homme d'une instruction solide, s'occupe à recueillir les chants populaires de l'Arménie ; il compte les publier dans peu de temps. La richesse de ces chants, auxquels personne jusqu'à ce jour n'a prêté l'attention qu'ils méritent, leur variété, la vivacité de l'imagination orientale qui s'y reflète, le coloris local, les traces profondes de la contemplation de l'univers au point de vue chrétien unie au fatalisme de l'Orient, la manière d'Horace dans les chants érotiques, *l'humour* profond et fin, l'étonnante variété de l'accentuation tonique telles sont les qualités qu'y remarque un observateur intelligent. »

Ce n'est pas seulement chez les Arméniens, mais aussi chez les montagnards du Caucase et au sein de ce pêle-mêle de nations qui se sont donné rendez-vous dans ces contrées, que fleurit aujourd'hui le culte de la poésie populaire et du chant qui en est l'accompagnement obligé. Lesghis, Imérétiens, Géorgiens, Tartares, Kurdes, Turks et Persans, tous possèdent des mélodies d'un caractère simple, mais qui ne manque pas d'originalité. Celles des Persans semblent, pour la plupart, dépourvues de rythme ; la transition brusque et inattendue d'un mouvement à l'autre dans la mesure, les intonations chevrotantes qu'affectionne la voix du chanteur, en rendent l'effet étrange et presque insaisissable pour nos oreilles européennes. Il en est quelques-unes cependant dont l'harmonie douce et triste émeut à la fois et fait plaisir, Ce que je dis de la musique persane peut s'appliquer aussi à celle des Géorgiens et des Turks. Les airs kurdes, au contraire, se distinguent par des modulations assez régulières. et ont en même temps dans l'expression quelque chose de si grave, de si mélancolique, que l'on ne saurait concevoir comment les sentiments dont ils supposent l'existence ont pu naître chez des tribus qui ne se sont révélées à nous que par des habitudes de violence et de pillage. Les mélodies des montagnards du Caucase, et surtout celles des Lesghis, se rapprochent des airs kurdes. Il y a de ces mélodies lesghies qui, suivant le témoignage de l'auteur d'un voyage récent dans les régions caucasiennes, M. Dubois de Montpéreux [20], ne s'oublient jamais, une fois qu'on les a entendues.

Il nous reste, en finissant, à former des vœux pour que la publication du recueil qui nous est promis par M. Émine, et qui est déjà en cours d'impression à Moscou, nous procure bientôt l'occasion de connaître et d'apprécier les productions de la muse populaire de l'Arménie moderne.

Notes

1. A côté de la forme que les noms propres arméniens ont reçue des Grecs et des Latins, et sous laquelle ils nous sont familiers, nous donnons entre parenthèses la forme qu'ils ont dans la langue originale, et qui est beaucoup moins connue.

2. L'Elborz seul dans la chaine du Caucase dépasse l'Ararad ; il a 18,493 pieds anglais.

3. Cette lutte a été racontée par un historien arménien contemporain, Élisée, dont le livre a été traduit en français par M. l'abbé Grégoire Kabaragy Garabed, sous le titre de Soulèvement national de l'Arménie chrétienne contre la loi de Zoroastre ; Paris, 1844.

4. Géographie, liv. XI, p. 498, éd. Casaubon et Indjidji, Archéologie arménienne, 3 vol. in-4° ; Venise, 1835 (en arménien), t. 1, p. 211.

5. Le mot makisdros est le titre grec magistros ou magister militiœ, c'est-à-dire, général d'armée. Le prince Grégoire, aussi

distingué par ses talens militaires que par son érudition, avait été décoré de ce titre par la cour impériale de Byzance.

6. Il ne faut pas confondre Piourasb Astyage, souverain de la Perse, que Moïse de Khorène dit avoir vécu sous la domination de Nimrod, et qui était de race sémitique, avec Astyage, fils de Cyaxare, dernier roi des Mèdes, dans le VIe siècle avant notre ère.

7. Le lac de Van.

8. Eznig, auteur du Ve siècle, dans son ouvrage intitulé Réfutation des Sectes, texte arménien. Venise, 1836, p. 98 et 100.

9. Arlêz, en arménien, signifie léchant continuellement et complètement. Dictionnaire de l'Académie arménienne de Venise, 2 vol. in-4°, 1836-37, t. II, p. 341.

10. Faustus de Byzance, liv. V, chap. XIV et XV, p. 235-237 du texte arménien, édit. de Venise, 1832.

11. Le pampirn était un instrument de musique qui nous est inconnu aujourd'hui, mais que l'on suppose avoir été une espèce de luth monté de cordes métalliques ou en boyaux, et quo l'on frappait avec une baguette ou archet.

12. Le mot Astyage a en arménien la forme Ajtahag, qui est à très peu près l'ancienne forme zende, et signifiait dragon ou serpent, suivant Moïse de Khorène.

13. « Le roi, dit l'auteur du Schah-Nameh, ayant aperçu de loin le tablier de Kaweh sur la pointe de la lance, l'accepta comme un augure de bonheur. Il l'orna de brocart de Roum, de dessins tracés en pierres précieuses sur un fond d'or. Les princes successeurs de Féridoun y ajoutèrent à l'envi de nouveaux joyaux, et le vieux tablier du forgeron devint et resta l'étendard de l'empire persan jusqu'à la chute des Sassanides. » Livre des Rois, trad. de M. Mohl, t. Ier, p. 91.

14. Il est très singulier d'apprendre par Moïse de Khorène que Piourasb Astyage professait des doctrines identiques au communisme moderne. Moïse s'exprime sur ce point en termes explicites, que je traduis littéralement. « Piourasb voulait montrer à chacun, dit l'historien, qu'il menait la vie de tous ; il prétendait que personne ne doit rien posséder en particulier, mais que tout doit être en commun. » Livre Ier, appendice.

15.   Forteresse sur l'Euphrate où se trouvait, suivant un historien du IVe siècle, Agathange (p. 586, édit. de Venise, 1835), la sépulture des rois arméniens.

16.   Les Alains, remarque l'historien arménien, avaient un goût prononcé pour la peau rouge, et, comme Artaxès donna une grande quantité de peaux de cette couleur pour former la dot de Sathinig, cette circonstance a suggéré l'allégorie de la longe de cuir rouge ornée d'anneaux d'or, dont il est ici question.

17.   On a coutume encore, dans quelques parties de l'Arménie, de jeter en l'air des pièces de monnaie au-dessus de la mariée au moment où elle arrive de l'église à la maison de l'époux. Cet usage existe aussi à Constantinople, et il se reproduisit notamment en 1834 à la cérémonie de la célébration du mariage de M. le chevalier Duz-Oglou, l'un des plus riches Arméniens de cette ville et directeur de la monnaie de l'empire ottoman.

18.   Dans l'ancien calendrier arménien, le premier mois de l'année, Navassart, tombait à l'équinoxe du printemps. Le premier jour de ce mois était célébré, comme le Neurouzchez les Persans, par des fêtes et des réjouissances publiques.

19.   Pour comprendre cette expression, il faut se rappeler ce que j'ai dit au commencement de cette étude sur l'obscurité qui enveloppe le Massis ou Ararad, et la dénomination de monde ténébreux que donnent encore à cette montagne les habitants d'Érivan. On conjecture que les braves sont ici des êtres surnaturels qui habitaient sur son sommet, ou peut-être les Mèdes, établis, à partir du revers oriental, jusque sur les rives de l'Araxe.

20.   Voyage autour du Caucase, Tome III, page 444.

ISBN : 978-1986440899

www.ingramcontent.com/pod-product-compliance
Lightning Source LLC
Chambersburg PA
CBHW070949220526
45471CB00007B/2961